LETTRE

A M. DUSSAULT,

L'UN DES RÉDACTEURS DU JOURNAL DE L'EMPIRE,

*Qui, sur le seul titre d'un ouvrage, et sans en lire rien
de plus, le condamne, et en diffame l'Auteur; pre-
nant de là l'occasion de vanter, sur parole d'autrui,
avec exagération et avec une partialité choquante,
un autre ouvrage, qui n'existe que dans la tête de
l'auteur.*

Par M. MAUGARD,

PROFESSEUR DE LANGUES ANCIENNES ET MODERNES.

An, si quis atro dente me petíverit,
Inúltus ut flebo puer?
Hor. Epod. VI. In Cassium Sevérum, oratórem malédicum.

Crois-tu que, si quelque bête maligne me mord,
je pleurerai comme un enfant, sans me venger?

Prix . . . . 25 cent.
Par la poste . . . 40 cent.
Gratis pour les Souscripteurs.

A PARIS,

Chez
{
L'Auteur, rue Neuve Saint-Eustache, nº 40 ;
L'Éditeur, rue Neuve Saint-Eustache, nº 38 ;
PATRIS et Cie, rue de la Colombe en la Cité, nº 4 ;
Les Marchands de Nouveautés.

1811.

LETTRE

A M. DUSSAULT,

L'un des Rédacteurs du Journal de l'Empire (1).

Je suis fort aise, Monsieur, que l'annonce que vous avez bien voulu faire en public de *mon Cours de Langue françoise et de Langue latine comparées*, dans le journal de l'Empire du 17 septembre 1811, vous ait fourni l'occasion de témoigner votre reconnoissance à votre maître, M. Lingois, en vous répandant en éloges sur la méthode d'enseigner de cet habile professeur. Un peu de partialité en pareil cas est bien pardonnable. Quand le public saura que c'est au grand talent de M. Lingois dans l'art d'instruire, qu'il est redevable du bonheur de posséder un homme de votre mérite, qui sur le titre seul d'un ouvrage, juge avec la plus grande sagacité et l'ouvrage et l'auteur, qui l'éclaire et le dirige d'une maniere sûre et avec le goût le plus délicat sur le choix qu'il doit faire dans cette foule immense de livres de toute espece que chaque jour voit éclore ; quand, dis-je, le public saura que c'est M. Lingois qui a cultivé et formé ce génie pénétrant qui vous éleve tant au-dessus du commun des beaux-esprits, en un mot que c'est de lui que vous avez *appris à penser :* il ne sera pas étonné de votre empressement et de votre zele à l'entretenir à diverses reprises d'un ouvrage qui n'existe encore que dans la tête ou tout au plus dans le porte-feuille de l'auteur ; il n'est pas douteux qu'il n'en désire la publication avec la plus vive impatience et que l'ouvrage ne soit enlevé, aussitôt qu'il paroîtra. Voilà déjà quatre fois qu'on le prône, ainsi que l'auteur, dans le journal de l'Empire, sans qu'on nous donne autre chose que des *promesses* (2). Pourquoi exciter

____

(1) C'est celui qui signe Y.

(2) D'abord c'est un M. P*** qui tout enthousiasmé des prodiges qu'il a vus chez M. Le Comte, instituteur, rue de la Vieille-Estrapade, n° 7, effets d'un nouveau système d'enseignement, écrit le 12 septembre 1809, au rédacteur de ce journal, pour faire part au public de sa surprise, par ce moyen que chacun connoît. Le rédacteur officieux ne manque pas de faire l'éloge de l'auteur, qu'il assure connoître personnellement, et qu'il ne nomme point. *Journal du 18 septembre.* C'est ensuite un M. Bouteiller, instituteur, rue des Mathurins, à Rouen, qui écrit au rédacteur, le 25 septembre 1810, pour rappeler le souvenir du fameux exercice fait chez M. Le Comte, et annoncé par la lettre de M. P***. Par un prodige des plus

1

sans cesse des désirs qu'on ne se hâte pas de satisfaire ? On fait paroître à nos yeux des fruits délicieux : nouveaux Tan-

surprenants, il y a plus de 20 ans que M. Bouteiller connoît, au moins imparfaitement, la méthode vantée par M. P***, quoiqu'elle ne soit pas imprimée. Par la note du rédacteur insérée à la suite de cette lettre, M. Bouteiller a cru reconnoître son ancien professeur de philosophie, et bientôt ses doutes se sont convertis en certitude. Devenu instituteur par les circonstances de la révolution, *et sans connoître à fond les secrets de cette ingénieuse méthode*, il en tire le plus grand parti pour ses jeunes éleves ; et il fait des vœux pour que l'auteur nous enrichisse bientôt du fruit de ses veilles, et fasse jouir le public d'un ouvrage capable de produire une grande révolution dans les études. *Jour. du 20 sept.* 1810.

Dans le journal du 5 juillet 1811, à l'occasion de l'annonce d'une édition de Phedre et du mot *nitére*, traduit dans une note par *être gras, avoir de l'embonpoint*, M. Dussault ramene une troisieme fois sur la scene ce savant professeur qu'il nomme enfin, pour nous faire part d'un projet de dictionnaire Voici comme il s'explique : « Cette erreur de » MM. Planche et Letellier (au sujet de *nitére*) est celle de tous les auteurs » de dictionnaires. » D'abord voilà un mensonge, et un mensonge bien coupable ; car il est affreux de décrier faussement tous les dictionnaires pour en vanter un qui n'est encore qu'en projet. De trois dictionnaires que j'ai, il n'y a que celui de M. Noël où l'erreur dont il s'agit se trouve : *Unde sic, quaeso, nites?* D'où vous vient cet embonpoint ? Il n'y a dans ce françois qu'un seul mot qui soit dans le latin, et il est impossible qu'un enfant entende le sens littéral de cette phrase. Robert Etienne, le patriarche des auteurs de dictionnaires explique *nitére* par *spléndidum, cultum, politum esse*. L'auteur du dictionnaire classique qui étoit en usage avant celui de M Noël, n'en dit pas davantage. Qu'on ajoute donc foi, après cela, aux assertions de M. Dussault.

Quicúmque turpi fraude semel innótuit,
Etiámsi verum dicit, amittit fidem. PHAED. I. 10.

M. Dussault ne se joue-t-il pas ici, avec une odieuse malignité, de la crédulité du bon public ; comme le loup goguenard de La Fontaine, dont il parle dans cet article, se rit de la sotte crédulité de la cigogne ?

Il est bon de détromper ici le public et de lui apprendre que ce M. Dussault n'est pas, comme quelques-uns le croient, le traducteur de Juvénal, qu'on ne lui connoît aucun titre littéraire dont il puisse se glorifier. Mais reprenons la suite de sa diatribe. « Ces auteurs ne distinguent » jamais la signification figurée des termes, de leur signification propre, » et portent ainsi le trouble dans les idées des commençants. Un bon » dictionnaire latin est encore à faire ; je connois un professeur de l'an- » cienne Université de Paris, qui *se propose de publier* quelques essais » en ce genre, et s'il ne peut pas atteindre au terme, d'indiquer au » moins la route à suivre ; ce professeur est M. *Lingois*, un des hommes » qui ont le plus réfléchi sur l'art d'enseigner en général, et en particulier » sur les méthodes grammaticales. Après avoir enseigné long-temps la » philosophie, il s'est dévoué au soin de montrer les premiers rudiments » des langues anciennes, et il remplit des fonctions si pénibles avec un » zele qui naît de la conviction de bien faire, et un succès qui justifie » cette conviction. Je ne doute pas que quelques-unes des idées de » M. Lingois ne dussent opérer une révolution utile dans l'enseignement, » si elles venoient à triompher des préjugés qui luttent toujours contre » les innovations. »

tales, nous croyons qu'il ne s'agit que d'y porter la main et de les cueillir ; mais à l'instant nous avons la douleur de les voir s'éloigner de nous.

A quoi tient-il donc que nous ne jouissions d'un ouvrage attendu depuis si long-temps ? Qu'est donc devenu ce libraire si généreux, cet ami si zélé des lettres qu'il cultive lui-même, qui a offert d'imprimer à ses frais cette méthode miraculeuse qui l'a tant charmé ? Après des encouragements si flatteurs, si souvent réitérés, M. Lingois n'a plus aucun prétexte pour reculer. La promesse qu'il a faite au public est un engagement sacré dont il ne peut trop tôt s'acquitter. Pour moi, je l'y invite fortement en mon particulier ; et quoique je coure la même carriere, c'est avec sincérité que je lui fais cette invitation. Nous voulons arriver au même but par des routes différentes : M. Lingois a choisi la plus longue, se contentant de l'applanir et de la rendre plus aisée ; j'ai essayé d'en tracer une beaucoup plus courte, qui n'est ni moins sûre, ni moins aisée que la sienne. C'étoit à vous, Monsieur ! de faire connoître au public l'une et l'autre, et de laisser à chacun le choix de celle qui conviendroit à ses vues. Quelques peres de famille voudront-ils que leurs enfants apprennent le latin en faisant des thêmes ? Hé bien ! ils profiteront des livres de M. Lingois, quand ils seront imprimés ; et, en attendant, ils pourront mettre leurs enfants en pension chez M. le Comte. Ils y feront des thêmes depuis le moment où ils seront levés jusqu'au moment où ils iront se coucher, excepté le temps des repas et des récréations qui ne sont pas longues : par ce travail savant et *d'une facilité admirable*, *ils apprendront à* PENSER ; et devenus philosophes dans trois ans, ils seront dignes d'entrer en cinquieme dans un Lycée. C'est là, je pense, le but de votre annonce prématurée ; c'est une attention bien louable de faire connoître une pension où l'on enseigne bien, car c'est une rareté :

Rara avis in terris nigróque simillima cygno.

D'autres peres de famille, qui n'ont pas oublié les tourments et les dégoûts que leur a causés le travail des thêmes et des dictionnaires, et qui frémissent encore à ce nom de thêmes, sous quelque spécieux aspect qu'on puisse les faire envisager, pourront ne pas se soucier que leurs enfants *apprennent à penser* (en latin), à force d'en faire, assez simples pour croire qu'il n'y a rien de si suffisant, de si fat, de si insupportable qu'un petit philosophe de dix ans. Pourquoi refuser de leur faire connoître une méthode d'apprendre le latin sans peine, ni pour le maître ni pour le disciple, et sans faire des thêmes ?

Pourquoi ne pas leur dire que quantité d'autres pères de famille, dégoûtés de voir que leurs enfants n'apprendient rien dans les écoles publiques, ont pris le parti de les en retirer, pour les instruire eux-mêmes par cette méthode; et que, sans s'être jamais mêlés d'enseigner, ils ont obtenu les plus grands succès ? Il y a même déja quelques pensions où l'on se félicite et de la solidité et de la rapidité des progrès. Un étudiant en droit qui ne savoit pas un mot de latin, il y a six semaines, en sait présentement deux mille imperturbablement, sans en compter 7182, qui deviennent françois par le changement ou le retranchement de la terminaison; il sait décliner toutes les especes de noms des trois premieres déclinaisons, conjuguer les verbes de la premiere et de la seconde conjugaison, sans avoir étudié aucun modele de déclinaison ni de conjugaison, n'ayant qu'une heure par jour à mettre à l'étude du latin. Un enfant de douze ans, qui ne savoit rien, il n'y a pas un an, explique présentement, aussi bien au moins qu'on le fait par la méthode ordinaire, Cornélius Népos, sans avoir fait des thêmes et sans avoir travaillé plus de quatre heures par jour.

« En tout genre, dites-vous, vous aimez que les faits » viennent à l'appui des systêmes, et que les théories soient » justifiées par l'expérience. » Voilà, Monsieur, des faits que je vous cite; et j'aurois pu vous en faire connoître bien d'autres, si vous aviez daigné m'accorder la conférence que je vous ai demandée par une lettre écrite dans votre antichambre. Je méritois, je pense, autant que M. Lingois, d'en obtenir une. Vous deviez oublier que vous avez été son disciple, et ne voir en lui et en moi que deux hommes animés du même zele pour l'utilité publique, qui ont travaillé pendant bien des années à chercher les moyens d'arracher les épines dont l'étude de la langue latine est encore hérissée. Quand même je n'aurois pas réussi parfaitement, je n'en aurois pas moins de droit à votre estime et à celle du public, pour avoir entrepris dans cette vue un travail qui m'a coûté 20 années de recherches, et des sacrifices énormes, justifiés par des titres authentiques, que j'aurois pu vous faire voir.

Mais j'ai d'abord en ma faveur une très-longue expérience. Il y a vingt-cinq ans que j'enseigne selon cette méthode avec le plus grand succès. En 1793, sur le rapport d'un Commissaire du Gouvernement, qui a suivi mes leçons pendant un mois, le Comité d'instruction publique, POUR RECONNOÎTRE MES TALENTS (ce sont ses termes), *arrêta que je serois porté sur la liste des hommes de lettres et savants qui ont droit aux récompenses nationales.* Cet arrêté ne fût point un vain titre d'honneur. Quand un ouvrage, encouragé d'ailleurs par touts les Ministres de l'Intérieur, qui avoient alors la surveillance générale de l'Instruction, se présente en public sous de pareils auspices, il peut s'y montrer avec confiance, et un journaliste inconsidéré et téméraire n'a pas le droit d'en mettre l'auteur au rang des charlatans. Ce n'est pas à l'âge de soixante et douze ans, après avoir mérité la confiance de l'ancien Gouvernement dans des fonctions importantes, après avoir joui pendant plus de quarante ans de l'estime et de la considération des premiers personnages de la France, qu'on s'abaisse à faire le vil métier de charlatan. Quand on est arrivé à ce période d'une vie continuellement employée à l'étude; ou l'on a de grandes connoissances, ou l'on radote; il n'y a pas de milieu : on ne cherche point à imposer au public par de belles paroles, pour attraper son argent. Je n'ai jamais connu l'intérêt : j'ai servi l'État avec le plus grand zele pendant vingt ans, sans avoir le moindre traitement, la moindre gratification, en un mot d'autre récompense que des témoignages flatteurs de confiance de M. le Garde des Sceaux, avec qui mes fonctions me mettoient en correspondance ; et aujourd'hui que la révolution ne me laisse que mes talents pour moyen de subsister, je les consacre à l'utilité publique, avec la certitude de ne pas vivre assez long-temps pour jouir du fruit de mes travaux. Mon zele ne se borne point là : j'instruis gratuitement touts les jeunes gents qui s'adressent à moi, et qui ont assez de confiance pour me faire connoître leur malheureuse situation ; je donne même des livres à quelques-uns. Voilà l'homme que vous avez la témérité de dénoncer au public, comme un charlatan, sans avoir daigné jeter un coup-d'œil sur les ouvrages que vous étiez chargé d'examiner.

Avez-vous réfléchi, Monsieur, qu'en parlant avec mépris d'une méthode d'enseigner que vous ne connoissez pas, vous insultez le Jury d'instruction, composé de neuf professeurs pris dans les Écoles centrales (1), alors seul tribunal compétent pour juger les ouvrages de ce genre, qui a reconnu que ma méthode, soumise à son examen par le Préfet du Département, alors chargé de la surveillance des Ecoles secondaires, OFFRE BEAUCOUP DE VUES UTILES *qu'il est bon de répandre parmi ceux qui s'occupent de l'enseignement des langues anciennes ; et qu'il mérite d'être connu par l'impression?* N'insultez-vous pas aussi des membres respectables

______

(1) Ils sont touts présentement professeurs dans les Lycées de Paris.

de l'Université qui ont assisté à un exercice public que j'ai
fait faire à mes éleves , trois mois après l'ouverture de mon
Cours , et qui après leur avoir fait toutes les questions qu'ils
ont cru nécessaires, pour s'assurer de ce qu'ils savoient réel-
lement, et satisfaits de leurs réponses, ont déclaré hautement, en présence de près de deux cents spectateurs, qu'ils
n'avoient rien vu de pareil ? N'offensez-vous pas , de la maniere la plus indécente , des hommes de lettres estimables ,
qui ont au moins autant de mérite que vous, quoiqu'ils n'aient
pas eu, comme vous, le bonheur d'*apprendre à penser sous
M. Lingois*, et qui, après un examen réfléchi de mes ouvrages, les ont approuvés de la maniere la plus honorable?
« Un des avantages des livres de M. Maugard , dit l'un, est
» d'éclaircir les principes par de nombreux exemples, tirés
» des meilleurs auteurs, soit françois, soit latins ; et c'est le
» meilleur moyen d'instruire (1). Nous nous empressons
» d'annoncer ces divers ouvrages, au moment de la rentrée
» des Lycées et des autres écoles académiques, persuadés
» qu'*on peut en tirer un grand parti pour l'enseignement.* »
C'est un connoisseur qui parle de la sorte, c'est un homme
qui, après avoir possédé une des plus éminentes dignités dans
le Clergé régulier, s'est trouvé, comme moi, réduit par la
révolution, à la dure nécessité d'enseigner pour vivre; et qui,
par des moyens qui different peu des miens, est parvenu à
donner une parfaite connoissance de la langue latine à vingt
jeunes gents, en deux années. Ce que vingt jeunes gents ont
fait, des milliers d'autres peuvent le faire. Pourquoi donc
s'obstiner à prétendre qu'on ne peut pas savoir le latin en
moins de sept ou huit années, comme si cette langue étoit plus
difficile à savoir que l'allemand qu'on apprend en deux ans?
« Il faut, dit un autre (2), lire dans l'ouvrage même touts
» les exemples que l'auteur cite à l'appui de ses principes : et
» l'on verra que, toujours constant dans sa marche, il ne fait
» rien sans preuves ; qu'il lie tellement les deux langues,
» qu'on ne peut faire un pas dans l'une qu'il n'ait été fait dans
» l'autre : et ce qu'on remarquera particulierement, c'est
» cette abondante recherche de phrases, toutes tirées des Au-
» teurs du siecle d'Auguste, ou de celui de Louis XIV, pour
» appuyer les cinq regles générales, qui composent tout son
» systéme ; attendu qu'il regarde toutes les autres comme
» fausses, incompletes ou inutiles, et capables par consé-

____

(1) C'est aussi le sentiment de Quintilien : *Minùs praecépta valent
quam exémpla.*
(2) Gazette de France, du 12 août 1811.

» quent de retarder les progrès des jeunes éleves dans l'étude
» des langues.

» Nous sommes arrivés maintenant à ce qu'il y a de plus
» intéressant dans la partie de la syntaxe, l'emploi des prépo-
» sitions ; parce qu'il n'y en a pas une qui ne serve à exprimer
» des rapports divers, et que plusieurs prépositions servent
» à exprimer les mêmes rapports. La langue latine présente
» une difficulté de plus ; souvent la préposition y est sous-
» entendue, et il faut la suppléer, parce qu'elle est presque
» toujours exprimée en françois. La plupart des Grammairiens
» qui ont traité de ces sortes d'ellipses, n'ont donné que des
» systêmes ; ils ont cru pouvoir les prouver par des raison-
» nements, au lieu de citer des faits. M. Maugard a pro-
» cédé autrement ; il est parvenu à démontrer, par un recueil
» de neuf mille exemples, qu'il n'y a pas une préposition qui
» n'ait été exprimée dans le même cas où touts ceux qui pré-
» tendent qu'on peut faire du latin avec des regles, ordon-
» nent impérieusement de les supprimer ; d'où il suit que les
» anciens n'avoient aucune regle pour l'emploi ou la suppres-
» sion des prépositions, et qu'ils ne consultoient que le goût,
» l'euphonie, la clarté, l'énergie, en un mot le besoin de
» l'élocution. Ici M. Maugard attaque ouvertement les mé-
» thodes anciennes et les accuse d'erreurs graves sur les
» divers rapports de détermination attribués aux préposi-
» tions ; et toujours à l'appui de ses assertions, il cite une
» foule de passages qui semblent porter la démonstration jus-
» qu'à l'évidence. »

Après les détails dans lesquels les bornes de son journal lui
ont permis d'entrer, le journaliste termine ainsi. « Je crois
» en avoir assez dit pour faire connoître un mode d'ins-
» truction, qui ne s'écarte des voies ordinaires que pour ten-
» dre à une amélioration désirable ; c'est le résultat de longs
» travaux ; l'auteur se présente dans la lice avec des armes
» éprouvées, il n'a point annoncé de principes qu'il n'ait ap-
» puyés de démonstrations. Ce n'est pas là ce qu'on peut appeler
» un systême ; il faut le combattre avec des faits, et non par des
» raisonnements. Quel que fût le succès de la lutte, il fau-
» droit encore le regarder comme un de nos plus profonds
» grammairiens ; et il seroit injuste de lui refuser une place
» distinguée parmi les savants qui ont analysé toutes les lan-
» gues avec le plus de patience, d'étendue et de sagacité. »

Qu'a dû penser de vous un de vos collaborateurs, dont
les connoissances sont reconnues et éprouvées ; lorsqu'il
aura vu que vous n'avez pas daigné ouvrir des *ouvrages de
Grammaire* qu'il a jugés *très-dignes d'attention ?* C'est ainsi

qu'il s'est exprimé en parlant de moi, à l'occasion d'un autre ouvrage de Grammaire, dont il a rendu compte dans le journal de l'Empire du 14 janvier 1811. Je sens combien il est fâcheux pour moi, que des circonstances impérieuses l'aient empêché d'annoncer au public mes ouvrages qu'il avoit d'abord été chargé d'examiner : mais je dois en même temps lui savoir gré du motif qui l'a déterminé à se récuser ; c'est une attention pleine de délicatesse, que je ne puis que louer.

Venons présentement à l'examen de la piece d'éloquence, dont vous avez fatigué vos lecteurs. Je dis *fatigué*, car aucun n'a su ce que vous vouliez lui dire. On a vu pourtant clairement que votre intention étoit de me nuire autant qu'il étoit en votre pouvoir ; en parlant avec le dernier mépris et de ma méthode et de moi ; mais en revanche d'établir la réputation de M. Lingois sur les débris de la mienne, en vantant de la maniere la plus outrée et la plus partiale, sur sa simple parole, après une conférence, sans avoir vu le moindre manuscrit, et l'excellence de sa méthode d'enseigner, et de sa personne. Mais tout ce que vous dites là dessus n'est que du verbiage; et, après avoir lu quatre colonnes du journal, on ne peut deviner en quoi consiste cette fameuse méthode, dont le résultat est de mettre, au bout de trois ans, un écolier sur trois en cinquieme. Il n'y a personne qui n'en fît autant, sans recourir à des secrets particuliers. J'ai commencé mes études à l'âge de dix ans et demi, par l'ancienne méthode, et qui pis est par le fameux Despautere, que tout le monde connoît, et qui mérite d'être connu, je ne dis pas des écoliers, mais des maîtres ; et, à douze ans, je suis entré en quatrieme, faisant passablement des vers hexametres et pentametres. Voilà un tour de force au-dessus de ceux de M. Lingois. Cela n'empêche pas que vous ne lui prodiguiez les éloges, à M. Dumarsais et à M. Rollin le mépris, et à moi des injures aussi grossieres et aussi indécentes que celles que M. de Voltaire a prodiguées au grand Corneille. Je n'ai pas la sottise de me comparer à Corneille ; je veux dire seulement que je suis victime de votre malignité, comme il l'a été de celle de M. de Voltaire. Ce n'est que sous ce point de vue que je vous compare à celui-ci. Mais aviez-vous raison de me dire des injures ? C'est ce que nous allons voir.

D'abord on a toujours tort, quand on se permet de dire des injures ; elles retournent toujours à celui qui les dit, et décelent une disette totale de raisons. Après avoir copié le titre de mon ouvrage et avoir seulement dit où il se trouve, sans faire connoître le nombre et le prix des cahiers (preuve évidente que vous ne voulez pas qu'on se les procure); vous dites :

« La méthode de M. Maugard est à-peu-près celle de Du-
» marsais. » Cela prouve que vous ne connoissez ni l'une ni
l'autre que par ce que M. Lingois vous en a dit, et lui-même
n'en connoît que peu de chose. Au moins dissimule-t-il que
ce qu'il y a de bon dans sa pratique, se trouve parfaitement
conforme à ce que Dumarsais lui-même appelle routine.
Vous connoissez si peu la méthode de ce savant grammairien
et la mienne; que si vous aviez lu dans mon *Discours sur la
maniere d'enseigner*, page 73 et suivantes, la comparaison
que je fais de sa méthode avec la mienne; vous auriez vu
que la première ne ressemble pas plus à la seconde, que le
corps d'une femme délicate ne ressemble à celui de l'athlete
le plus vigoureux. Vous reconnoissez implicitement vous-
même qu'elles ne peuvent se ressembler que fort peu : puisque
vous avouez que, quoique le nouveau maître soit d'accord
avec l'ancien, sur la théorie, sur les principes et sur les raisonnements qui lui servent de base, d'où vous concluez que
c'est faire connoître, en deux mots, mon système; cependant
je m'éloigne de mon modele dans la pratique et dans les
applications. Et vous appelez semblables deux méthodes qui
different dans la pratique et dans les applications ! Convenez,
Monsieur, que quand on se laisse aveugler par une injuste
prévention, on s'expose à dire bien des sottises. Dumarsais
ne fait apprendre les mots et les phrases à ses éleves que par
une routine aveugle; moi, j'enseigne les mots et les phrases
par une pratique méthodique toujours éclairée du flambeau
de la raison et de l'analogie. Dites-moi, Monsieur, si vous
l'osez, où est la ressemblance.

« Je ne ferai en ce moment, dites-vous, aucune réflexion
» sur les brillantes promesses que renferme le titre de son
» ouvrage, et ce titre me servira seulement aujourd'hui de
» texte pour parler d'une autre méthode, *qui n'a pas encore
» été rendue publique*, et dont j'ai déjà dit quelque chose
» dans ce journal (1) : je pourrai revenir quelque jour sur le
» système de M. Maugard. »

N'est-ce pas vous moquer indécemment du public que de
l'entretenir longuement et d'une maniere inintelligible, *sur la
parole de l'auteur*, d'un ouvrage qui n'existe point, et qui
peut-être n'existera jamais ? Qu'importe au public de savoir
qu'un savant professeur de l'ancienne université de Paris a
imaginé une méthode d'enseigner qui l'emporte sur tout ce
qui a été fait dans ce genre, au moyen de laquelle un enfant

---

(1) Le 2 juillet dernier. *Voyez la note*, page 2.

en faisant des themes douze heures par jour, avec la plus grande facilité, sans rudiments, arrivera en cinquieme dans un Lycée au bout de trois ans ? Car c'est tout ce que promet, et tout ce qu'a fait M. Lingois; encore de trois petits prodiges qu'il a montrés en public, au commencement de septembre 1809; sans dire, depuis quel temps ils étudioient, un seul est entré un an après en cinquieme au lycée Napoléon, où il vient de remporter le premier prix de version latine : ce qui ne prouve rien; car souvent on a vu des sujets trèsmédiocres remporter des prix; et les meilleurs sujets n'en point avoir, pour avoir voulu faire trop bien; en un mot tout cela dépend beaucoup du hasard. Je pourrois en citer quelques exemples; je m'en abstiens, parce que je ne dis rien ici que personne ne sache.

Mais enfin quelque mérite que puisse avoir la méthode de M. Lingois (je n'ai garde de le contester, puisque je ne la connois pas); qu'est-ce que cela fait au public, tant qu'il ne pourra pas jouir des précieux avantages qu'il doit en retirer? Puisque vous faisiez tant que d'annoncer au public un ouvrage qui existe, un ouvrage qui est le fruit de longues et pénibles recherches, le résultat de vingt-cinq années d'expériences trèscoûteuses; ne convenoit-il pas bien mieux de lui parler de cet ouvrage que de l'entretenir de simples projets? Un ouvrage offert au public est ou bon ou mauvais : dans l'un et l'autre cas, il faut que le public sache à quoi s'en tenir; afin qu'il puisse en faire usage, s'il est bon; et qu'il se garde de l'acheter s'il est mauvais. J'ose croire, Monsieur, que le mien n'est pas mauvais, d'après le jugement qu'en ont porté des savants d'un mérite distingué, et touts les connoisseurs qui l'ont lu; cela me suffit. Martial, en pareil cas, disoit à un certain Auctus, d'un poëte, journaliste de ce temps-là, ce que je puis dire aujourd'hui de vous qui n'êtes pas poëte : « Ceux » qui lisent mes livres et ceux qui les entendent lire en sont » contents; mais il y a un certain poëte, qui ne les juge pas » faits selon les regles. Je ne m'en embarrasse guere; car » j'aime mieux que les mets de ma table plaisent aux convives » qu'aux cuisiniers. (1). »

J'ajoute à ces témoignages, qui ne sont point suspects, la conviction que j'ai acquise, et par mes expériences multipliées, et par celles de plusieurs peres de famille, qui après avoir

---

(1) Lector et auditor nostros probat, Aucte, libéllos;
    Sed quidam exáctos esse poéta negat.
  Non nímium curo, nam coenae fércula nostrae
    Malim convívis quam plácuisse coquis. *Lib.* IX, *épig.* 83.

essayé inutilement toutes les méthodes, excepté celle de M. Lingois que personne ne connoît (1), n'ont obtenu d'heureux succès que par la mienne. Mais ce qui prouve mieux que tout la bonté de mon ouvrage, c'est que les partisans de l'ancienne méthode, qui crient le plus contre la mienne, vont *incognito* acheter mes livres chez les libraires, pour y préparer en tapinois les leçons qu'ils donnent ensuite à leurs écoliers. Vous pourrez, dites-vous, revenir quelque jour sur mon système. On voit clairement que c'est dans l'intention de le dénigrer, et non de le combattre par des raisons; mais je crains si peu vos armes, que je vous somme de vous presenter aussitôt dans la lice, si vous ne voulez pas être regardé comme un lâche détracteur. J'exige (et j'en ai le droit après l'insulte que vous m'avez faite) que vous rendiez au public, et sans aucun délai, un compte détaillé de mon ouvrage; mais que ce soit avec la plus exacte impartialité. Oubliez dans ce moment, M. Lingois, votre idole, pour ne vous occuper que de moi. Je n'ai pas la sotte et ridicule prétention d'avoir fait un ouvrage sans défaut. « Pour se tromper, » il ne faut qu'être homme; mais pour s'obstiner dans une » erreur, il faut être fou (2). » Faites-moi donc connoître celles que vous aurez remarquées; je vous en remercierai bien sincerement, et je profiterai de vos avis pour les faire disparoître. Mais tout ne peut pas être erreur dans un ouvrage aussi volumineux que celui que vous avez entre les mains. Il n'est guere possible d'en trouver dans des listes de mots, dont la classification a été faite avec méthode et avec tant d'art, qu'on peut en apprendre et graver profondément dans la mémoire, en peu de temps et sans peine, une quantité prodigieuse. Quelles erreurs peut-on relever dans une collection de plus de neuf mille exemples de syntaxe, touts tirés des auteurs de la plus pure latinité? Peut-on dire que j'aie établi des principes faux, lorsque chacun est fondé sur une immense quantité d'exemples?

Que peut-on donc me reprocher? d'avoir laissé échapper quelques fautes d'impression? c'est un inconvénient qu'il est bien difficile d'éviter dans ces sortes d'ouvrages, surtout à

---

(1) Il n'y a que M. Bouteiller, instituteur à Rouen, qui, par une inspiration divine, ait connu la méthode de M. Lingois, qu'il met en pratique avec succès, depuis 20 ans; quoiqu'il n'ait entendu parler de ce célèbre professeur et de sa méthode, que dans le journal de l'Empire du 18 septembre 1809.

(2) Cujúsvis hóminis est erráre; núllius, nisi insipiéntis, in erróre perseveráre. Cic. *Philipp.* XII. 2.

une premiere édition : de n'avoir peut-être pas toujours rendu en françois mot à mot l'élégance ou l'énergie de quelques expressions latines ? j'aurois cela de commun avec nos meilleurs traducteurs ; et c'est peut-être plus la faute de notre langue, que celle des écrivains qui tâchent de rendre en françois les beautés des auteurs latins. Mais je n'ai pas contracté l'obligation de mettre mes élèves en état de traduire avec élégance les historiens, les poëtes, et les orateurs de Rome. Il faut savoir bien d'autres choses que du latin, et avoir employé la moitié de sa vie à l'étude, avant que d'oser entreprendre une pareille traduction. Encore n'est-on pas sûr de réussir. J'ai promis seulement de mettre mes élèves en état de comprendre parfaitement les auteurs, et de les lire avec la même facilité que les livres françois. Voilà, Monsieur, ce qu'il faut que vous disiez au public ; en lui faisant remarquer, après avoir mis à l'écart toute prévention, ce qu'il y a de bon, comme ce qu'il peut y avoir de défectueux. Songez que vous ne devez être l'avocat, ni de M. Lingois, ni de moi ; mais juge integre et impartial : et si vous ne vous sentez pas la force d'être juste : si vos connoissances sur l'art d'enseigner sont trop bornées, comme je ne tarderai pas à le prouver, pour que vous puissiez parler sainement de mes ouvrages ; il faut que vous les remettiez au bureau, afin qu'on charge quelqu'autre de vos collaborateurs de les examiner.

Quant aux promesses que renferme le titre de mon ouvrage, et que par ironie vous appelez *brillantes* : je pourrois vous dire que ce titre n'est pas de moi ; mais d'un libraire à qui j'avois cédé mon *Cours* pour les frais de copie, parce que je n'en faisois pas un objet de spéculation mercantile : je voulois seulement faire jouir le public du fruit de mes travaux. Après que ce titre eut été annoncé par un *prospectus* répandu par ce libraire avec profusion ; et que sur son refus d'imprimer, faute d'un nombre suffisant de souscripteurs, je me suis trouvé dans l'obligation de recourir à la bourse d'un ami généreux, qui par zele et uniquement pour rendre service aux lettres, veut bien faire l'avance des frais d'impression : je n'ai pas cru devoir changer ce titre. Mais ce n'est pas sur le titre qu'il faut, comme vous avez fait, juger un ouvrage. Ces *promesses brillantes* devoient au moins exciter votre curiosité et vous engager à le lire. Vous auriez vu dans mon *Discours sur la maniere d'enseigner*, que dans touts les temps les hommes de bon sens ont été persuadés qu'il n'y a pas de langue qu'on ne puisse apprendre en deux ans. Au reste je ne suis pas le seul professeur qui fasse de pareilles promesses. M. Mangin, professeur au Prytanée de Saint-Cyr, après avoir essayé avec succès une méthode différente de la mienne et plus compliquée, a publié le résultat de son expérience, sous le titre de *Cours de latin en deux ans*. Vous ne disconviendrez pas, Monsieur, qu'il n'y ait des choses excellentes dans cette brochure. J'avoue que si je pouvois me résoudre à faire faire des thêmes, c'est sa méthode que je suivrois ; peut-être même me déterminerai-je à composer, pour les amateurs, surtout pour les jeunes gents qui peuvent se trouver dans le cas de parler latin dans les écoles de Philosophie, de Théologie, de Droit et de Médecine, un *Cours de thémes* selon la méthode de M. Mangin ; s'il ne le fait pas lui-même. La mienne se borne à faire bien comprendre le latin, et à fournir, dans un recueil immense de locutions latines classées méthodiquement, de grands moyens pour ceux qui pourroient désirer de s'exercer à écrire ou à parler en latin. Si M. Mangin, après deux années d'expérience, a pu promettre au public, qu'en suivant sa méthode, on enseigneroit le latin en deux ans : pourquoi ne pourrois-je pas, après vingt-cinq années d'expérience, assurer qu'en suivant exactement la mienne, qui est beaucoup plus simple, qui n'exige aucune contention d'esprit, et que deux ou trois heures d'étude par jour, on enseignera la langue latine en 400 leçons qui font précisément deux années scholaires ?

« Un éleve de cette méthode nouvelle, dites-vous, le seul à
» qui son âge ait permis de suivre les cours publics, a remporté
» le premier prix de version latine dans la cinquieme classe
» (premiere année de grammaire). Cette circonstance m'a
» confirmé dans l'idée avantageuse que j'avois déjà conçue
» de la méthode de M. *Lingois*, malgré ma répugnance pour
» toutes les nouveautés de cette espece, et m'a inspiré le
» désir d'avoir un entretien avec lui sur les principes qui le
» dirigent dans l'enseignement des langues anciennes (1) : ce
» sont les résultats de cette conversation que je vais mettre
» sous les yeux du lecteur, dans la persuasion que ce précis
» sera *utile pour les instituteurs, et surtout pour les parents*.
» J'avertis que, dans cet exposé, je ne fais que rédiger les
» idées de M. Lingois : c'est un simple compte que je crois
» devoir rendre, et non pas une discussion que j'en-
» treprends. »

Comment voulez-vous, Monsieur, que votre précis soit *utile pour les instituteurs ?* Pourront-ils, avec votre journal,

---

(1) Comme si les langues anciennes devoient s'enseigner autrement que les langues modernes.

enseigner selon la méthode de M. Lingois ; tant que ce grand maître s'obstinera à la garder secrete ? Quand même il feroit imprimer cette méthode, à quoi cela serviroit-il, s'il ne publioit pas en même temps les livres élémentaires nécessaires pour enseigner selon cette méthode ? Jusques-là tout ce que vous pourrez dire en faveur de son auteur sera parfaitement *inutile pour les instituteurs*. Cela pourra tout au plus leur causer des regrets et leur faire désirer la publication de ces ouvrages. En quoi votre précis sera-t-il *utile pour les parents*, si ce n'est que séduits par votre annonce spécieuse, ils mettront leurs enfants en pension chez M. Le Comte ? Mais une chose que vous ne savez pas, et qu'il est bon que je vous apprenne, c'est que tout ce que M. Le Comte enseigne de bon à ses éleves, il le prend dans mes livres.

Pourquoi, à propos de M. Lingois, dire au public, qui ne se soucie guere de le savoir, que « Lancelot est le premier » qui, vers le milieu du dix-septieme siecle, se soit affranchi » de la coutume ridicule de donner aux enfants les règles du » latin en latin même (1) ; et par les observations que fait M. Rollin, dans son *Traité de la maniere d'enseigner et d'étudier* » *les belles-lettres*, chap. 3, de l'étude de la langue latine, » il paroît que de son temps quelques maîtres tenoient encore » à un usage si peu judicieux : tant est grand l'empire de » l'habitude sur certains esprits obstinés qui se refusent à » l'évidence même. »

Vous ne nous apprenez rien de nouveau. Il y a près de

---

(1) Cette coutume étoit sans doute bien ridicule et bien extravagante ; mais elle étoit profondément enracinée. Cela ne doit pas étonner ; car, comme le disoit fort judicieusement Cicéron, il n'y a rien qui pousse de plus profondes racines que la sottise, *altae sunt stirpes stultitiae* : mais ce qui doit étonner, c'est la grandeur de courage, le zele ardent pour le progrès des lettres, qu'il a fallu à M. Lancelot, à ce savant et laborieux écrivain, l'un des plus beaux ornemens de cette illustre congrégation, qui sera regrettée à jamais, pour oser entreprendre de couper les racines à une sottise si invétérée. N'étoit-ce pas une innovation bien hardie ? Dites-nous, Monsieur, vous qui clabaudez tant contre les innovations en matiere d'enseignement, et qui cependant louez celle de M. Lingois, qui fronde ouvertement l'ancienne méthode à laquelle vous semblez être si fortement attaché, uniquement parce qu'elle est vieille ; dites-nous où nous en serions, sans l'innovation salutaire de M. Lancelot. Que feroient aujourd'hui nos malheureux enfants, si ce respectable et utile innovateur avoit redouté les criailleries des professeurs routiniers et des journalistes de son temps ? Ces petits êtres intéressants seroient encore condamnés à étudier le latin avec des regles écrites en latin. Eh bien, l'empire de la raison a si peu de force sur la sottise, qu'il lui a fallu plus de cent ans pour en triompher ! Cela n'est guère encourageant pour ceux qui veulent faire le bien.

deux mille ans que Cicéron a dit : *magna vis est consue-*
tudinis. N'est-ce pas cette force irrésisistible de l'habitude
qui vous fait croire qu'on ne peut apprendre le latin en moins
de 7 ou 8 ans , parce que vous avez perdu autant de temps à
l'apprendre ? Mais qu'importe au public de connoître les usages
absurdes des temps passés ? Il y en a beaucoup encore qui se
pratiquent aujourd'hui. C'est contre ceux-là qu'il faudroit
s'élever. Quant à celui d'enseigner le latin avec des regles
écrites en latin, je me souviens qu'en 1750 mon maître m'a
fait acheter un Despautere dont on venoit de faire une nouvelle édition tout exprès pour les colleges.

« Une question qui doit faire plus de difficultés, ajoutez-
» vous , se présente à l'esprit : faut-il commencer par la
» composition des thêmes, ou par l'explication des auteurs ? »

Je réponds qu'il ne faut commencer l'étude du latin ni par
la composition des thêmes , ni par l'explication des auteurs.
Il faut avant tout apprendre beaucoup de mots, et les tours
particuliers de la langue latine dans un grand nombre d'exemples aisés.

« M. Rollin, dit M. Lingois, préfere la derniere méthode,
» en quoi, *suivant* lui, il semble contrarier la marche de la
» nature et la maniere dont *le plus grand nombre*, dans les
» pays étrangers , *apprend* les langues vivantes. Le respect
» qu'inspire le nom de Rollin a entraîné beaucoup de maîtres
» dans son sentiment ; et c'est rendre un vrai service à l'en-
» fance, dit l'auteur de la nouvelle méthode, que de tra-
» vailler à les détromper. Voici donc comment l'auteur du
» Traité des études raisonne sur ce sujet : Je crois, dit-il,
» qu'on doit commencer par faire apprendre aux enfants les
» déclinaisons , les conjugaisons , et les regles les plus com-
» munes de la syntaxe. Jusques-là, il est d'accord avec ceux
» qui font précéder la composition des thêmes ; c'est-à-dire,
» reprend M. Lingois, qu'il laisse aux enfants ce qu'il y a de
» plus difficile et de plus rebutant dans l'étude du latin, les
» *rudiments* , où la métaphysique, hérissée de toutes ses gé-
» néralités , domine et parle un langage que la nature désa-
» voue et que l'enfance n'entend pas. Est-il plus heureux,
» ajoute l'auteur de la nouvelle méthode, en faisant suivre
» l'explication des auteurs ? Je suis bien éloigné de le croire :
» il convient lui-même qu'en toute science , en toute con-
» noissance , il est naturel de passer d'une chose connue et
» claire à une chose inconnue et obscure. Or, prenez l'au-
» teur le plus facile : l'objet que vous mettez sous les yeux
» de votre éleve est une chose inconnue et entierement obs-
» cure pour lui ; il ne sait par où commencer ; il faut que le

» maître se charge de tout le travail, et c'est sans doute l'in-
» tention de M. Rollin, quand il dit que l'explication des
» auteurs et la traduction, où les enfants ne produisent rien
» d'eux-mêmes, et ne font que se prêter au maître, leur
» épargnent beaucoup de temps, de peine et de punitions.
» Selon cette méthode, continue M. Lingois, les enfants
» deviennent de vraies machines absolument passives ; elle
» n'exige d'eux aucune attention, aucune application d'es-
» prit ; leur mémoire seule agit, si toutefois cette faculté
» est susceptible d'une véritable action ; ce n'est pas ainsi
» qu'on forme leur jugement et qu'*on les accoutume à pen-*
» *ser ;* d'ailleurs, quelle tâche cette méthode n'impose-t-elle
» pas aux maîtres, en les obligeant de faire entrer par l'oreille,
» dans l'esprit de leurs éleves, tout ce que ceux-ci doivent
» répéter, et que certainement ils ne retiennent pas ? Je
» doute que le travail d'un galérien soit plus pénible : la
» meilleure méthode, pour de très-bonnes raisons, sera tou-
» jours celle qui, toutes choses égales d'ailleurs, donnera le
» moins de peine aux maîtres. »

Avouez, Monsieur, que ce ne sont là que des mots, des
paroles oiseuses, que vous ne deviez pas répéter ; ou convenez que vous ne savez pas comment on enseigne dans les
écoles publiques. Y a-t-on jamais suivi le conseil de M. Rollin ? Il n'est pourtant pas aussi déraisonnable que M. Lingois
voudroit le persuader ; car l'expérience prouve qu'on traduit
bien plus aisément du latin en françois, que du françois en
latin. D'où viennent les plus grandes difficultés qu'éprouvent
les enfants, quand on les met à l'étude du latin ? De ce qu'ils
ne savent pas le françois. On fait précisément le contraire de
ce qu'il faudroit faire. A Rome on enseignoit le latin par
principe aux enfants, avant que de leur enseigner le grec. Ici
nous devons leur apprendre le françois, avant que de leur
apprendre le latin ; ou du moins leur en faire connoître assez,
pour que les leçons de langue françoise précedent toujours les
leçons de langue latine : mais pour cela il faudroit enseigner
le latin et le françois de la même maniere ; et c'est ce qu'on
ne fait pas, comme si chaque langue devoit être enseignée
par une méthode particuliere. Il est plaisant d'entendre dire
à M. Lingois que la meilleure méthode d'enseigner le latin
sera celle qui donnera le moins de peine aux maîtres. C'est
pour cela sans doute que les maîtres tiennent avec tant d'obs-
tination à la vieille maniere d'enseigner, où toute la peine est
pour les malheureux enfants. Eh ! Messieurs, ne trouvez-
vous pas que l'étude des langues soit assez dégoûtante et
seche par elle-même ? Faut-il que vous fassiez de cette étude

non seulement une fatigue, mais un tourment, pour vous épargner un peu de peine ? Je dis, moi, que la meilleure méthode sera toujours celle qui produisant de meilleurs résultats que les autres, et une grande économie de temps, ne donnera pas plus de peine au maître qu'au disciple. Tel a été le but de mon travail, et j'ai lieu de croire que j'y suis parvenu. Mes écoliers viennent chez moi comme à une partie de plaisirs ; ils arrivent entre neuf et dix heures ; ils étudient sous mes yeux pendant que je travaille. A midi je les exerce, ce qui dure environ deux heures ; chacun parle à son tour ; si quelqu'un par étourderie fait une faute, les autres se moquent de lui et le redressent. Cela fait, ils s'en retournent chez eux, et leurs parents les occupent à d'autres choses le reste de la journée. J'ai commencé un jeune prince Polonois qui n'avoit que six ans. Cet enfant ne s'ennuyoit point avec moi, il trouvoit toujours que je m'en allois trop tôt. S'il faisoit quelque espiéglerie, la princesse sa mere le menaçoit de me dire de ne plus venir, et la crainte de me perdre lui faisoit faire tout ce qu'on vouloit. J'ai appris le françois à une Demoiselle de dix-sept ans, qui n'avoit jamais pu rien apprendre à cause de la maniere rebutante de ses maîtres ; ils l'avoient tellement dégoûtée, qu'elle redoutoit le moment de leur arrivée. Je ne lui eus pas donné plus de deux leçons, qu'elle prit goût à l'étude ; et au lieu de redouter le moment de la leçon, elle l'attendoit avec impatience. Combien de faits semblables je pourrois citer ! mais cela me feroit perdre de vue M. Lingois. J'y reviens donc.

« Faudra-t-il, poursuit M. Lingois, le grammairien-phi-
» losophe, recourir à la routine de M. Dumarsais, aux tra-
» ductions *interlinéaires*, et faire expliquer aux enfants des
» auteurs latins, avant de leur parler de déclinaisons, de
» conjugaisons, de syntaxe ? Je ne connois point de systême
» plus préjudiciable aux bonnes études et plus propre à
» tromper les parents, *qui se laissent facilement duper par*
» *les* CHARLATANS. »

En mettant M. Dumarsais, et par conséquent ses partisans, dans la classe des charlatans, ou du moins en répétant de pareils propos de celui qui ose les y placer, vous insultez, de la maniere la plus outrageante, un Grammairien qui mérite beaucoup plus le titre de Grammairien-philosophe, que celui que vous en décorez. Vous prouvez d'ailleurs que vous ne le connoissez pas seulement de réputation, et que vous ne savez de lui que ce qu'il a plu à M. Lingois de vous en dire. Lisez l'éloge de ce savant dans le dernier volume de l'Ency-clopédie, vous vous repentirez d'avoir eu la hardiesse de

3

porter un jugement aussi téméraire d'un homme d'un pareil mérite, sur la foi de M. Lingois, qui avoit intérêt de le rabaisser pour s'élever. Si vous aviez lu la méthode de M. Dumarsais ou seulement mon *Discours sur la maniere d'enseigner*, qui est entre vos mains ; vous n'auriez pas répété les propos indécents de votre professeur, vous lui auriez dit : « Pourquoi me parlez-vous avec affectation de la
» routine de M. Dumarsais, comme si ce Grammairien avoit
» prétendu qu'on ne dût apprendre le latin que par la
» routine ? Pourquoi dissimulez-vous qu'à ce qu'il appelle,
» et qui est véritablement routine, M. Dumarsais fait suc-
» céder l'étude raisonnée de la Langue latine et de la Gram-
» maire ? Vous savez bien qu'il suivoit cette marche, parce
» que c'est celle que nous avons touts suivie pour apprendre
» le françois : nous l'avons d'abord appris par routine, à force
» d'entendre parler ; puis nous l'avons étudié par principes.
» N'est-ce pas là ce que vous appelez la marche de la nature ? »

Voilà, Monsieur, ce que vous auriez pu lui dire sur la routine de M. Dumarsais. Vous auriez aussi pu le désabuser au sujet des traductions *interlinéaires* ; si vous aviez lu ce que j'en ai dit dans le Discours que j'ai prononcé à l'ouverture de mon Cours public, le 16 novembre 1809, que vous avez, et dans la préface de ma traduction interlinéaire de *Cornelius Nepos*, que vous avez pareillement : et si, après cette lecture, il vous étoit encore resté quelque doute sur l'utilité de ces traductions, dont la moindre est de dispenser du travail pénible et infructueux des Dictionnaires (1) : vous auriez pu assister, avec M. Lingois, à quelques-unes de mes leçons ; et vous auriez vu que mes éleves n'expliquent pas comme des perroquets ; qu'ils savent ce qu'ils disent, puisqu'il leur arrive souvent d'employer d'autres mots françois que ceux qu'ils ont étudiés sous les mots latins.

Pour adoucir un peu l'injure grossiere que vous avez dite à M. Dumarsais, vous faites parler ainsi M. Lingois de ce charlatan : « Cet habile grammairien, dont je suis loin de con-
» tester le mérite, avoit senti le vice de la méthode ordinaire. »

Si M. Lingois s'appuie de l'autorité de M. Dumarsais pour accuser la vieille méthode et faire sentir la nécessité d'y en substituer une autre, dont il propose seulement le projet : pourquoi trouvez-vous mauvais que je l'attaque, et ne voulez-vous pas qu'en attendant que le public jouisse de la précieuse méthode de M. Lingois, qui n'est pas près de paroître, il profite de la mienne qui est à sa disposition ? Elle n'est

---

(1) Voyez la préface de la traduction interlinéaire de Phedre.

pas si bonne , sans doute : parce qu'elle est trop expéditive ,
qu'elle ne fait que charger la mémoire des enfants d'une foule
de mots latins , et d'un nombre beaucoup plus considérable
encore de tours latins ; sans les apprendre à penser. Cependant rien n'empêcheroit qu'on s'en servît provisoirement,
sauf à mettre l'ouvrage au pilon , quand celui de M. Lingois
paroîtra et réalisera la haute opinion que vous en faites con-
cevoir. Je parle sérieusement, je baisserai pavillon devant
qui aura mieux fait que moi. A la fin de mon discours , que
vous n'avez pas lu , je parle ainsi à M. Lingois , en
m'adressant aux hommes estimables , qu'anime un zele
pur et ardent pour le progrès des lettres , qui se sont
dévoués à l'honorable et pénible fonction d'instruire la jeu-
nesse : « Je n'ai pas la vanité de croire qu'on ne puisse faire
» mieux, je le désire même bien sincerement; mais en atten-
» dant le mieux , il est prudent de ne pas négliger ce qu'une
» heureuse et longue expérience démontre être bon et utile.
» Ainsi, en zélé citoyen de la république des lettres , je dirai
» franchement et sérieusement à chacun de vous, ce qu'Ho-
» race , ami de la joie et des plaisirs, disoit en badinant à
» Numicius , en lui adressant des conseils pour passer agréa-
» blement la vie :

Si quid novísti réctius istis ,
Cándidus impérti ; si non, his útere mecum. Liv. I. ép. 6.

» M. Dumarsais (c'est toujours M. Lingois qui parle) prétend
» que sa routine est une imitation de la maniere dont on
» apprend les langues vivantes. » Je vais , puisque prétention y a , mettre d'un côté la prétention de M. Dumarsais,
et de l'autre celle de M. Lingois ; afin que le lecteur puisse
juger , par la comparaison , que celle de l'une n'est autre
chose que celle de l'autre , et qu'il n'y a de différence que
dans les mots.

Prétention de M. Dumarsais.	*Prétention de M. Lingois.*
« Les négociants des villes » maritimes, dit M. Dumar- » sais , et des villes frontieres, » font des échanges de leurs » enfants, afin qu'ils appren- » nent réciproquement la lan- » gue voisine ; et ces enfants, » qui n'ont d'autre maître que	« Sans doute , dit M. Lin- » gois , un étranger, dans un » pays dont il se voit obligé » d'apprendre la langue, ne » commence pas par des phra- » ses longues et harmo » nieuses, dontla composition » exige que l'on connoisse le

» l'usage, savent en six mois
» beaucoup plus de mots, et
» de façons de parler de la
» langue du pays où ils ont
» été transplantés, que ne sa-
» vent de latin ceux qui l'ont
» étudié pendant plusieurs an-
» nées par la méthode ordi-
» naire..... Pourquoi ne fait-
» on pas apprendre le latin
» comme on apprend l'anglois
» à Londres? On n'y fait point
» de thêmes. » Cela veut dire
qu'on ne dicte pas du françois
pour être traduit en anglois,
avec l'aide d'un dictionnaire
et d'une grammaire; car voilà
ce que par tout pays on entend par faire un thême; mais
c'est un tout autre travail, que
M. Lingois appelle un thême
et que M. Dumarsais n'auroit
pas nommé ainsi. Quand on
donne à un mot chacun un
sens différent, ce n'est pas le
moyen de s'entendre. M. Lingois soutient qu'un François
nouvellement arrivé à Londres
fait vraiment un thême chaque
fois qu'il fait une demande ou
une réponse : au contraire, il
fait mentalement une version
quand on l'interroge ou qu'on
lui répond : et moi, je soutiens
qu'il ne fait autre chose que
pratiquer la routine de M. Dumarsais, soit qu'il répete en
anglois des phrases qu'on lui a
apprises, soit qu'il traduise
mentalement des phrases an-
gloises qu'il a apprises de mémoire. Cependant « M. Lin-
» gois pense que M. Du-
» marsais se flatte à tort de
» proposer une routine sem-

» tour, les locutions, les re-
» gles de cette même langue,
» et qu'on ait fait amas d'un
» nombre assez considérable
» de mots , qu'on en sente
» bien la force, et qu'on soit
» en état d'en faire une juste
» application : un étranger qui
» commence à balbutier une
» langue nouvelle n'a pas be-
» soin de toutes ces connois-
» sances ; et c'est à tort que
» M. Rollin les suppose né-
» cessaires à un enfant qui
» commence à composer en
» latin. » (*Le langage de
M. Dumarsais ne diffère de
celui-là, qu'en ce qu'il ne
veut pas qu'un enfant com-
pose en latin; il veut qu'on
se borne à lui faire expliquer
de vive voix du latin en françois, en commençant par
des phrases de la conversation.*) « Imaginons, dit tou-
» jours M. Lingois, un Fran-
» çois transplanté à Londres;
» il commencera par dire il
» fait froid, il fait chaud, la
» Tamise est large, comment
» vous portez-vous ? Je me
» porte bien , je dormirai
» bien, etc. » (*M. Lingois se
trompe; on ne s'exprime pas
de cette maniere à Londres,
on y dit :* Il est froid, il est
chaud, la Tamise est large,
comment faites-vous faire ? Je
fais bien, etc.) « S'agit-il,
» poursuit M. Lingois, d'ins-
» truire un enfant qui n'a en-
» core aucune connoissance
» de la langue latine ? que la
» conduite de notre François
» à Londres vous serve de

» blable à l'usage des enfants »
(*on ne comprend rien à ce*
langage) : « les siens, dit-il,
» sont tout-à-fait passifs; et à
» l'aspect de mots latins, sans
» être en état d'en dire eux-
» mêmes trois qui répondent
» à des mots françois donnés :
» au contraire les enfants dont
» il propose l'exemple sont
» très-actifs, *et l'on peut*
» *même dire qu'ils passent*
» *la plus grande partie du*
» *jour à faire des thèmes ;*
» car ils aiment naturellement
» à parler ; et comme ils sont
» *accoutumés à penser* dans
» leur propre langue, il faut
» qu'ils traduisent rapidement
» leur pensée dans la langue
» du nouveau pays qu'ils ha-
» bitent. »

» modele : accoutumez votre
» jeune éleve à répéter en
» latin les phrases les plus
» simples ; il aura bientôt
» appris à décliner et à cou-
» juguer. Cette assertion
» étonne ceux qui ne peuvent
» se résoudre à supprimer
» des leçons aussi fastidieuses
» qu'inutiles, à bannir enfin
» le rudiment avec tout le
» fatras qu'il contient ; mais
» qu'ils fassent attention à la
» maniere dont les enfants en
» général apprennent la lan-
» gue du pays qui les a vu
» naître et leur étonnement
» cessera (1). » (*Si M. Lin-*
gois s'imagine n'être pas
d'accord avec M. Dumarsais,
il faudra en conclure qu'il
n'est pas d'accord avec lui-
même.)

Sur quoi donc M. Lingois se fonde-t-il pour avancer si affirmativement que les élèves de M. Dumarsais sont tout-à-fait passifs, qu'à l'aspect des mots latins, ils répetent, *comme des perroquets*, des mots françois qu'ils ont vus écrits sous ces mêmes mots latins, sans être en état d'en dire eux-mêmes trois qui répondent à des mots françois donnés ? Voilà une assertion hasardée bien légérement. Car mes élèves ne sont pas moins actifs que les siens, si ce n'est qu'ils ne font point de thèmes la plus grande partie du jour, n'étant en activité pour le latin que quatre heures par jour. Ils ne répetent pas des mots comme des perroquets. Un conseiller de l'Université,

---

(1) Je suis aussi ennemi des rudiments, que M. Dumarsais et M. Lingois ; je l'ai prouvé dans mes *Remarques sur la Grammaire latine de M. Lhomond*, commentée par M. Lemare : mais je ne crois pas, non plus que M. Dumarsais, qu'un enfant puisse apprendre les déclinaisons et les conjugaisons en répétant de petites phrases latines. J'ai d'autant plus raison d'être étonné d'une pareille assertion, que je suis convaincu qu'un François qui parleroit fort bien sa langue par routine, l'écriroit fort mal et conjugueroit de même. Si M. Lingois ne sait pas qu'on peut enseigner les déclinaisons et les conjugaisons sans peine, *sans rudiments, sans para-digmes*, je me ferai un plaisir de le lui apprendre.

étonné de la maniere dont ils rendoient en françois une quantité prodigieuse de mots latins à la soixantieme leçon, et les
avoir entendu décliner, me demanda s'ils pourroient dire en
latin les mots françois. Je répondis que je ne les avois pas
encore exercés de cette maniere, ne les croyant pas assez
forts. Et, moi, reprit-il, je vois à l'assuranse avec laquelle
ils parlent, qu'ils peuvent le faire, et je vais en faire l'essai
par curiosité. Ainsi, parmi 3000 mots qu'il avoit sous les
yeux, il en prit au hasard un carton qui en contenoit 400 :
et les ayant mêlés comme un jeu de cartes, il prononçoit les
mots françois, et sur-le-champ on lui disoit avec une assu-
rance imperturbable le mot latin, et même deux lorsqu'il y en
avoit à-peu-près synonymes. Ce fut alors qu'il dit hautement,
et en présence d'une assemblée nombreuse, qu'il n'avoit rien
vu de pareil. Présentement ils ont expliqué déjà la moitié de
Cornélius Nepos ; ils continuent l'étude de la Syntaxe dont
ils savent déjà plusieurs milliers d'exemples. Ils ne font point
de thêmes ; mais quand je leur ai fait expliquer 200 exemples de latin en françois dont une leçon est composée, je leur
fais fermer le livre, je leur propose les phrases françoises et
ils les rendent en latin. Cet exercice vaut bien des thêmes.
Quoi qu'en dise M. Lingois, ils trouvent que cet exercice
n'est pas aussi aisé que l'autre.

« Pourquoi, dit enfin M. Lingois, nos enfants ne feroient-
» ils pas ce que faisoient ceux de l'ancienne Rome ? Il est
» bien certain que ceux-ci n'apprenoient pas la formule gé-
» nérale des déclinaisons et des conjugaisons, avant de com-
» mencer à parler latin. »

M. Lingois, en voulant faire de l'esprit, dit une platitude ;
il prouve qu'il ne sait pas du tout comment on enseignoit le
latin à Rome : et vous, Monsieur, qui avez la bonhommie
de répéter au public ce qu'il vous a dit, vous faites voir
clairement que vous n'en savez pas davantage. Je vais donc
vous l'apprendre à tous deux.

Il est bien certain qu'à Rome les enfants n'apprenoient pas
les déclinaisons et les conjugaisons, avant que de commencer
à parler latin ; car dans touts pays on commence à parler sa
langue maternelle au plus tard à trois ans, et on continue à l'apprendre par routine jusqu'à ce qu'on soit capable de l'étudier
par principes. Voilà en peu de mots le procédé de M. Dumarsais. A Rome lorsqu'un enfant étoit parvenu à l'âge de sept
ans, tout au plus, on le mettoit entre les mains d'un Grammairien, qui lui apprenoit avant tout à décliner et à conjuguer parfaitement. C'est ce que recommandoit expressément

le plus habile maître en l'art d'enseigner, Quintilien, qui s'exprime ainsi :

« Mais surtout qu'un enfant sache parfaitement décliner
» les noms, conjuguer les verbes, sans quoi il ne pourra
» jamais faire de progrès considérables. Il seroit même inu-
» tile d'en avertir ici, sans la précipitation fastueuse de
» quelques maîtres qui commencent par une chose qui ne
» doit aller qu'après ; et qui, *pour faire briller un enfant par*
» *des connoissances spécieuses*, se servent de méthodes
» abrégées, qui bien loin de l'avancer le retardent et l'em-
» barrassent (1). *Trad. de M. l'abbé* GEDOIN, l. I, c. 5.

Ce passage prouve clairement qu'à Rome les bons maîtres faisoient commencer l'étude raisonnée de la langue latine, par les déclinaisons et les conjugaisons; et que d'autres, pour jeter de la poudre aux yeux des parents, dispensoient les enfants de cette étude et ne leur donnoient qu'une connoissance superficielle. Voilà ce que Quintilien appeloit *méthode abrégée*, et qu'il condamnoit avec raison. Il est honteux pour M. Lingois, qui fait profession d'enseigner le latin, ou du moins de préparer les voies à ceux qui veulent l'apprendre, de n'avoir pas lu Quintilien, d'ignorer par où les Maîtres de Rome commençoient, et surtout de vouloir persuader qu'ils ne faisoient ni décliner ni conjuguer. Pour vous, Monsieur, qui n'êtes pas obligé de savoir comment on enseignoit à Rome, on ne vous blâmeroit pas si vous aviez avoué tout simplement votre ignorance sur ce point : on n'est pas blâmable pour ne pas tout savoir. Mais on a droit de trouver bien ridicule que, sur la parole d'autrui, vous affectiez de parler en maître de l'art de ce que vous ne savez pas, et que vous disiez précisément tout le contraire de ce qu'il falloit dire. Il n'est pas permis de tromper ainsi le public. Voilà, Monsieur, à quoi nous expose une aveugle confiance. Cela ne vous seroit point arrivé ; si vous aviez lu mon ouvrage, comme vous le deviez. Vous y auriez trouvé des preuves convaincantes de la fausseté de plusieurs assertions de M. Lingois. Il est permis d'être ignorant; mais il n'est pas permis d'être détracteur, et c'est en quoi vous excellez. Pour en être convaincu, il ne faut que lire votre belle péroraison. La voici :

« Tel est le résumé de la conférence que j'ai eue avec

______

(1) NÓMINA declináre et VERBA in primis púeri sciant; neque enim áliter perveníre ad intelléctum sequéntium possunt: quod étiam admonére supervácuum fúerit; nisi, ambitiosâ festinatióne, áliqui a posterióribus incipérent; et, dum ostentáre discípulos circa speciosióra malunt, compéndio moraréntur. *Inst. Orat. l. I, ch. 5 editiónum vulgárium, Cappe-*
ronneriánae vero edit. 4.

» M. Lingois sur sa méthode; et ses idées m'ont paru si
» simples , si claires, de si bon sens, qu'il m'est impossible
» de n'être pas *presqu'en* (*il faut écrire* presque en) tout de
» son avis. J'observe qu'il ne s'agit pas ici d'enseigner le
» latin en moins de temps qu'on n'en donne ordinairement
» à l'étude de cette langue : ces méthodes abréviatives sont ,
» *suivant* moi , de pures chimeres , puisque *savoir une lan-*
» *gue, ce n'est pas seulement entendre les mots et connoître*
» *la syntaxe de cette langue , mais être capable de sentir*
» *la différence des styles , les beautés d'expression, l'élé-*
» *gance et la délicatesse des tours* ; ce qui est le fruit du
» temps. M. Lingois ne se pique point d'aller jusques-là; il
» se borne à ces éléments que l'éleve doit posséder avant
» d'entrer dans les Cours publics, et toute sa méthode se
» réduit à le préparer aux exercices des Lycées par des
» moyens plus naturels, plus sûrs, et moins pénibles sous
» touts les rapports, que ceux dont on a fait usage jusqu'à
» présent; il ne promet pas d'enseigner le latin et le françois
» en 400 ou en 200 leçons, comme le fait M. Maugard :
» *Quand on met en avant de telles promesses , on prouve*
» *qu'on ne sait pas même l'état de la question , qu'on*
» *ignore ce que c'est que la connoissance d'une langue , et*
» *qu'on n'apprécie pas les vrais résultats du cours public*
» *des études , tel qu'il est établi depuis si long-temps :*
» le meilleur moyen d'abolir entierement la langue latine
» parmi nous , seroit d'adopter les procédés de ces grands
» prometteurs. »

Dites-moi , Monsieur, si de touts les écoliers , je ne dis
pas de la France, mais de toutes les parties de l'univers où
l'on cultive les lettres et où l'on enseigne la langue latine, qui,
après huit années d'études, ont remporté le premier prix en
rhétorique , il en est un seul qui soit capable de sentir
la différence des styles, les beautés d'expression, l'élégance et
la délicatesse des tours de la langue latine, d'une langue qu'on ne
parle plus depuis si long-temps. Quel est l'homme qui, ayant
étudié cette langue toute sa vie, ose se flatter d'en connoître,
d'en sentir toutes les beautés d'expression, l'élégance et la
délicatesse des tours ? J'avoue , Monsieur, que ce n'est pas
moi. J'ai pourtant fait passablement mes premieres études :
j'ai obtenu des prix en rhétorique; depuis ce temps, pendant cinquante-cinq ans, je n'ai pas passé une seule journée
sans employer quelques heures à étudier cette langue. Quel
fruit ai-je recueilli d'une si longue étude ? la conviction
que jamais nous ne saurons le latin de la maniere que vous
l'entendez. J'ai vu que ni les manuscrits ni les éditions ne s'ac-

cordent; que de savants commentateurs se disputent continuellement sur quantité de passages, qui probablement ne sont
obscurs que parce que les premiers éditeurs ont mal lu les
manuscrits ; que d'autres se sont extasiés sur des passages
qu'ils ont donnés pour des expressions fines et des figures
hardies, et que, par d'exactes vérifications, j'ai reconnu
avoir été altérés. Vantons-nous donc de connoître la finesse,
l'élégance des tours de la langue latine. Tâchons seulement
de la bien entendre, et c'est beaucoup. Mais, vous qui
parlez, oseriez-vous vous vanter de connoître les finesses de
la langue latine, tandis que vous prouvez que vous ne connoissez pas seulement les finesses des expressions de la langue
françoise ?

Par exemple, vous employez indifféremment les mots
suivant et *selon*. Cela prouve que vous n'avez jamais lu, ni
le Discours XI des *Vrais Principes de la Langue françoise* par l'abbé Girard ; ni les *Synonymes françois* du même
auteur, édition de 1769, revue et augmentée par Beauzée,
t. I, p. 453; ni les *Synonymes françois*, de l'abbé Roubaud,
édition de 1796, t. IV, page 196 et suivantes. Cela n'est pas
pardonnable à quelqu'un qui fait profession de critiquer
amèrement les ouvrages d'autrui.

Pourquoi dites-vous *la manière dont* LE PLUS GRAND
NOMBRE, dans les pays étrangers, APPREND *les langues vivantes ?* Si la Grammaire approuve cette manière de parler,
l'oreille, le bon goût, et la raison la rejettent; car ce n'est
pas le mot *nombre* pris matériellement qui *apprend*, ce sont
les individus compris dans la signification de ce mot qui
apprennent; il présente à l'esprit l'idée de pluralité ; c'est
donc le cas de faire accorder le verbe qui sert à exprimer l'at-
tribut de la proposition avec le sujet logique, et non avec le sujet
grammatical. C'est ce qu'on appelle faire la construction selon
le sens et non selon les paroles, une *syllepse* en terme de
l'art. C'est ainsi qu'en a usé Fénélon : *Un* NOMBRE *infini d'oi-
seaux* FAISOIENT *résonner ces bocages de leurs doux chants.*
Sulpice Sévère, qui a écrit très-purement en latin, a fait usage
aussi de la même figure, avec le même mot :

Ita populus egressus est..... cujus NUMERUS *ex quinque et
septuaginta Hebraeis, qui primum Aegyptum descénderant,
ad millia virorum sexcénta* PERVENERANT.

Voilà, Monsieur, des finesses d'expression que vous semblez ignorer. Quand on n'est pas plus instruit que vous, quand
on n'a jamais enseigné, et qu'on n'a pas les premières notions
de l'art d'enseigner : on a mauvaise grace de taxer d'ignorance un homme qui a blanchi sur les livres et qui en a donné

4

des preuves authentiques; d'oser dire à un homme instruit par une très-longue expérience dans l'art d'enseigner, et dont vous n'avez pas lu la méthode, que, quand il promet d'enseigner le latin en 400 leçons ou deux ans à des enfants, en 200 leçons à des hommes faits, intelligents et capables de doubler le travail, *il ne sait pas même l'état de la question, qu'il ignore ce que c'est que la connoissance d'une langue.* Si dire qu'on peut apprendre le latin en deux ans vous paroît un paradoxe, parce que par la méthode ordinaire on perd sept ou huit années pour le savoir mal, et souvent pour ne pas le savoir du tout; si c'est prouver qu'on ignore ce que c'est que la connoissance d'une langue : il faut dire que M. de Voltaire ne savoit pas non plus ce que c'est qu'apprendre une langue; car il assure qu'*il n'y a point de langue qui ne demande environ* UNE ANNÉE *pour la* BIEN SAVOIR. *Essai sur les mœurs et l'esprit des nations, ch.* XIX. Thémistocle ne mit pas plus d'une année à l'étude de la langue persane; et l'on dit qu'au bout de ce temps il harangua le roi avec beaucoup plus de facilité que ne pouvoit le faire un naturel même du pays. *Corn. Népos, Thémist.* IX et X. Assurément il avoit dans la tête de trop vastes projets, pour s'amuser à faire des thêmes toute la journée.

Je vous vois venir, Monsieur; vous allez me dire avec M. Valart, qui, comme vous, ne croyoit pas qu'on pût savoir le latin en moins de sept ou huit années, que « les pa-
» roles de *Plutarque*, qui se contente de dire que *Thémis-*
» *tocle* avoit appris à parler cette langue *passablement*,
» nous marquent assez qu'il faut un peu rabattre de l'exagé-
» ration de Népos. » Mais tenons-nous à ce qu'a dit Plutarque. Je ne prétends pas que dans un an on doive savoir parler latin plus que passablement. Je dis seulement que tout homme intelligent et laborieux peut faire pour le latin ce que Thémistocle a fait pour le persan, c'est-à-dire, l'entendre parfaitement, et le parler médiocrement : en un mot, comme il nous est possible de le parler ; car nous ne devons pas nous flatter de pouvoir jamais le parler comme les savants le parloient, je ne dis pas à Rome, au siecle d'Auguste, mais à Bordeaux au cinquieme siecle, lorsque la Gaule étoit sous la domination des Romains.

Je n'apprécie pas, selon vous, les vrais résultats du Cours public des études, tel qu'il est établi depuis si long-temps. Mais soyez d'accord avec vous-même. En vantant la méthode de M. Lingois, qui déclare hautement que l'ancienne méthode, qui est celle qu'on suit encore dans les Lycées, est vicieuse, vous la dépréciez. Pouvez-vous croire que je ne sois pas en état d'apprécier les résultats de l'ancienne méthode, qui ne peut avoir d'autre titre à votre respect que sa vieillesse? N'ai-je pas fait, comme vous, mes études, selon cette méthode? N'ai-je pas été dans le cas d'apprécier les résultats de ces études? N'ai-je pas été dans le cas de les apprécier encore mieux, lorsque j'étois préfet des études dans un des plus considérables colleges de la France, il y a cinquante ans? Puis-je parler savamment de ces résultats, après m'être assuré que des écoliers de troisieme, c'est-à-dire, après quatre années d'études au moins, sont incapables de traduire Cornelius Nepos? Vous n'en douteriez pas, si vous aviez pris la peine de lire la préface de ma traduction interlinéaire de cet auteur : vous y auriez vu deux mauvaises traductions du sixieme chapitre de la vie d'Atticus, faites par deux troisiemes de deux lycées de Paris. Les vrais résultats du cours public des études, tel qu'il est établi depuis si long-temps, c'est que de cent écoliers, dix tout au plus se distinguent, une vingtaine font des progrès médiocres, et les autres sont absolument nuls. Les résultats de mon Cours sont que mes éleves au bout de deux ans savent beaucoup plus de latin que les meilleurs sujets n'en savent par la méthode ordinaire au bout de six ans, et que touts indistinctement font les mêmes progrès. Je n'avance rien témérairement, quand je soutiens qu'il n'y a pas un éleve des Lycées qui sache quatre mille mots latins en entrant en rhétorique : les miens à la fin de leur cours savent à-peu-près touts les mots usuels de la langue latine, c'est-à-dire, environ vingt mille; ils ont répété plusieurs fois plus de neuf mille exemples de syntaxe, à-peu-près autant d'exemples de construction usuelle, et autant de construction figurée. Ce recueil seul qui contient touts les tours de la langue latine, classés méthodiquement, et où les difficultés sont graduées, est plus précieux que tout ce qui a pu être fait jusqu'à présent. Est-ce là le moyen d'abolir entierement la langue latine parmi nous?

Vous auriez raison, Monsieur, de crier contre moi, si en retranchant du temps des études les deux tiers des années qu'on y perd pour l'ordinaire, je retranchois aussi les deux tiers de ce qu'on doit savoir : mais au contraire j'enseigne beaucoup plus de choses en deux ans qu'on n'en apprend dans six; car dès que mes eleves commencent à expliquer les auteurs, c'est-à-dire, dès la cent cinquante et unieme leçon, au bout de sept mois et demi, je parle des enfants, ils expliquent à chaque leçon, de 80 à 100 lignes de prose, et d'abord de 15 à 16 vers, puis augmentent par degré jusqu'à

4o. C'est ce qu'on ne fait pas en cinq ou six leçons dans les
.écoles publiques.

Convenez, Monsieur, que pour n'avoir pas voulu me lire,
et pour avoir voulu me juger sans connoissance de cause,
vous avez été bien injuste envers moi. On a su apperce-
voir la joie maligne et odieuse avec laquelle vous avez
tâché d'affliger un homme de soixante et douze ans, dont
la vie laborieuse a été consacrée entièrement à l'utilité publique, en cherchant à lui ôter avec la réputation le seul moyen
de subsister qui lui reste. J'ai au moins le plaisir de voir
qu'en voulant me nuire vous avez montré votre ignorance.
Au reste vos déclamations me touchent peu : elles ne pro-
duiront pas l'effet que vous vous en êtes promis ; elles ne
m'ôteront pas la conviction que j'ai d'avoir fait un bon ouvrage, dont on reconnoîtra tôt ou tard l'utilité, et à qui l'on
assignera une place honorable à côté de la méthode de Port-
Royal. Personne ne peut mieux le juger que moi, j'y ai ap-
porté tout le soin que mérite un ouvrage de cette importance.
Oui, j'ose prédire qu'il triomphera de la cabale, des caba-
leurs et des Zoïles : et sans me comparer à Ovide, je puis dire
avec confiance ce qu'il a dit de ses métamorphoses :

Jámque opus exégi, quod nec Jovis ira, nec ignes,
Nec póterit ferrum, nec edax abolére vetústas.

A Paris, le 3o septembre 18.11.

P. S. Je suis d'autant mieux fondé à croire que les connoissances que vous avez de la langue latine ne sont pas fort
étendues ; que, par la critique que vous avez faite, dans le
feuilleton du 5 juillet dernier, des dictionnaires latins-fran-
çois, au sujet du sens du mot *nitére*, j'ai vu que vous n'entendez pas du tout le vers de la 7ᵉ fable du livre III de Phedre, où se trouve *nites*. En effet, vous supposez que le poëte
a donné à ce mot un sens figuré. C'est une erreur ; car *undé*
sic, quaeso, nites ? ne signifie pas d'*où* (pourquoi) *étes-*
vous si gras ? comme l'indique la note de M. Letellier. Mais
le véritable sens est, *pourquoi étes-vous si luisant ?* car le
mot *embonpoint, graisse,* est exprimé par *tantum córporis,*
du vers suivant.

Avant que de songer à critiquer les gents,
Il faut s'examiner soi-même un fort long temps.

Mol. *Misantrope.*

COURS DE LANGUE FRANÇOISE ET DE LANGUE LATINE COMPARÉES.

Ce Cours sera composé de huit volumes in-8°.

Voici donc les différentes parties qui le composent.

1° Les *Principes généraux*, communs à toutes les langues, précédés d'un *Discours* où est développé le plan de tout l'ouvrage, et suivis de *Remarques* sur la grammaire latine de M. Lhomond. Ces trois ouvrages réunis forment un volume de 468 pages. Prix, pour Paris, 7 fr., pour les départements (*port franc*) 9 fr.

2° *Éléments de la langue françoise*, 1 gros volume. On peut se procurer dès à présent la premiere partie qui traite des *diverses especes de mots*, et la seconde qui traite de la *Syntaxe*, où sont développés les principes communs aux deux langues. Brochure de 232 pages. Prix, pour Paris, 4 fr. 50 c. ; pour les départements (*port franc*) 5 fr. 60 c.

Suite de ce volume. Un cahier de 436 pag. contenant la *Construction usuelle*. Prix, pour Paris, 6 fr. ; pour les départements, 7 fr. 50 cent.

On va mettre sous presse la *Construction figurée*. Ce volume sera terminé par un *Traité abrégé de Versification*, un *Traité de la Prosodie et de la Prononciation*, un *Traité d'Orthographe et de Ponctuation*.

3° *Éléments de la langue latine*, 3 gros volumes. Le tome Ier contiendra tout ce qui concerne les diverses especes de mots, avec d'amples listes. La premiere partie de ce volume est terminée et comprend 11394 mots, qu'on apprend en moins de six mois. La quantité prosodique est marquée sur chaque syllabe. Brochure de 318 pages. Prix, pour Paris, 5 f. 50 c. pour les départements (*port franc*) 6 fr. 50 c. Le reste du volume, qui ne pourra être imprimé qu'à la fin de l'ouvrage, contiendra touts les mots qui se trouveront dans les auteurs qu'on expliquera dans la seconde année du Cours, et sera terminé par une liste générale de mots classés par familles, et par une table alphabétique de mots, qui tiendra lieu d'un dictionnaire, et où il ne manquera que les mots techniques, c'est-à-dire, ceux des sciences, arts et métiers, et ceux que les bons auteurs n'ont pas employés.

Le tome II, qui est complet, contient les regles de la syntaxe développées par 9106 exemples élémentaires tirés des bons auteurs, parmi lesquels se trouvent beaucoup de phrases longues et quantité de vers de touts les bons poëtes anciens. On a mis l'accent prosodique sur chaque mot qui doit être accentué. Sous chaque exemple se trouve la traduction littérale, avec le bon françois. Volume de 744 pages, broché. Prix, pour Paris, 11 fr.; pour les départements, *port franc*, 13 fr. 50 c.

Ce volume est aussi divisé en trois cahiers, qui seront distribués séparément aux instituteurs, pour faciliter les études.

Le tome III contiendra 1° des exemples de *Construction usuelle* et de l'emploi de chaque espece de mots, 2° des exemples en très-grand nombre de *Construction figurée*, et de toutes les locutions les plus difficiles. Il sera terminé par un traité d'orthographe et un traité de la prononciation des anciens. Ce volume sera aussi gros que le second. On va mettre sous presse la *Construction usuelle*.

4° *Traductions interlinéaires de Cornelius Nepos et de Phedre*, avec une bonne traduction et des notes, pour faciliter l'intelligence du texte; précédées d'une préface sur l'utilité des traductions interlinéaires et sur la maniere de les faire. 1 volume.

On peut se procurer dès à présent la traduction de Cornél. Nep. Brochure de 404 pages. Prix, pour Paris, 5 fr. 50 cent.; pour les départements (*port franc*) 7 fr. Celle de Phedre paroîtra dans les premiers jours de novembre.

5° *Recueil de textes latins*. 2 volumes.

Le tome Iᵉʳ contiendra tout ce qu'on doit apprendre et expliquer dans la premiere année du Cours.

On peut se procurer dès à présent les exemples élémentaires et Cornelius Nepos entier. Brochure de 360 pag. Prix, pour Paris, 6 fr.; pour les départements (*port franc*) 7 fr. 50 c.

Le tome II contiendra tout ce qu'on doit apprendre et expliquer dans la seconde année du Cours.

Chaque volume se vend séparément. On vendra aussi séparément les parties des volumes qui ne sont pas encore complets; mais à mesure que les volumes se completeront on ne détaillera les différentes parties qu'aux souscripteurs qui ont pris tout ce qui a paru jusqu'à présent.